© 2021 Madeleine Pialoux
Edition : BoD – Books on Demand,
12-14 rond-point des Champs-Elysées, 75008 Paris
Impression : BoD – Books on Demand, Norderstedt, Allemagne

ISBN 978-2-3221-7396-9
Dépôt légal : Mai 2021

Madeleine Pialoux

# Elargis l'espace de ta tente

## 40 ans d'aventure de ciné-débats

*A Bruno qui m'a toujours encouragée,*

*A mes chers enfants*
*avec qui je partage la même passion du débat,*

*A toutes les amies de ROC*
*qui ont porté cette aventure avec moi,*

# Préface

Quand j'étais petite puis adolescente, pour moi ROC c'était le travail de maman (et ça l'est toujours !). Tous les 2-3 mois environ, le ballet du débat se déroulait en 5 mouvements. Le choix du film, la recherche des intervenants, la préparation du débat, la soirée du débat et l'après-débat rythmaient les discussions familiales.

Petite, je me souviens entrer dans le bureau le soir avant d'aller me coucher et entendre Maman dire à Papa son introduction : « *Chers amis bonsoir !* » sans oublier la conclusion !

Plus grande, avec mon frère Luc nous participions aux soirées-débats qui avaient lieu dans notre collège-lycée.

C'était un moment à la fois excitant et festif : les préparatifs de la salle, l'accueil des intervenants qui venaient parfois dîner ou dormir à la maison, les fous rires en voyant le monsieur responsable du « *club-image* » de notre école en train de farfouiller dans les fils derrière la scène pour remédier aux problèmes de son, et papa en admiration et en soutien de sa femme pendant le débat.

Certains débats ont participé à notre éducation : nous discutions en famille des périodes tourmentées de l'histoire et de phénomènes de société : les boat people, la guerre du Liban, la guerre d'Algérie, la liberté de conscience, de religion, la violence, la pauvreté, l'aide humanitaire, l'adoption…

Le moment le plus marquant demeure la rencontre avec l'Abbé Pierre venu partager l'expérience des communautés Emmaüs, autour du film Hiver 54 : la qualité des échanges et les témoignages des associations participant au débat ont laissé en moi une empreinte d'espérance et un désir de servir les plus pauvres. J'ai récemment montré à mes enfants ce film beau et pertinent pour comprendre les défis de la pauvreté et les enjeux de la solidarité.

Les débats autour des films *Hiver 54*, *Jamais sans ma fille*, *le Gone du Chabba*, *Secrets et mensonges* sont autant de petits cailloux sur le chemin de mon enfance qui ont orienté plus tard mes choix de vie et de travail au service de personnes vulnérables.

Voir maman épanouir ses talents et mobiliser toute son énergie pour mener ces débats a certainement inscrit en moi cette conviction : il est possible de développer ses talents et de les mettre au service de la société, quel que soit le mode de travail ou d'action choisi pour les épanouir.

Merci Maman !


Isabelle

# Préambule

« *Chers amis bonsoir !* »

C'est ainsi que commence l'histoire des dîners-débats ROC. Petite phrase dite toujours avec un peu d'appréhension, plus de quatre-vingt fois, en introduction de chaque rencontre.

Comment s'est créée cette aventure ? Comment a-t-elle démarrée ? Toujours étonnée de penser que depuis de nombreuses années, ont lieu des soirées autour d'un film de qualité. Qu'est ce qui a pu motiver cela ?

La magie du cinéma ! Le monde du cinéma est un ciel ouvert sur des thématiques les plus diverses. A l'instar de « *Dis-moi ce que tu lis, je te dirai qui tu es* », il est possible d'ajouter : « *Dis-moi ce que tu regardes (au cinéma), je te dirai qui tu es* ».

Lire, écouter, voir, observer, découvrir, apprendre, connaitre les lois, les us et coutumes qui régissent la vie des hommes, m'a toujours intéressée. C'est ainsi que, presque naturellement je fais des études de droit. « *Le droit mène à tout et touche à tout* » ai-je souvent entendu.

Etudiante, je vais par hasard avec des amis à un débat organisé à partir du film *Une infinie tendresse*, une histoire de deux jeunes garçons dans un centre pour enfants handicapés. Une profonde tendresse les lie entre eux. J'en ressors un peu sur ma faim, le sujet me paraissant tout juste effleuré. Je m'en souviens encore. Ceci dit, l'idée de débat à partir de films me parait bonne et à suivre. Mais je n'ai pas de déclic instantané pour m'approprier le désir de me lancer dans cette direction.

Quelques années plus tard, mariée, mère d'un petit garçon, je participe à une retraite spirituelle à Châteauneuf-de-Galaure. Cinq jours pour approfondir la foi. Au cours de cette retraite, il est proposé de rencontrer une femme, Marthe Robin, qui est à l'origine de ces retraites.

La rencontre avec Marthe sera brève, dix minutes ! Je vais alors à l'essentiel. Je lui expose mon désir de me donner, en dehors de ma vie d'épouse et de mère de famille. Mais où, dans quelle direction ? Le journalisme, les médias, le cinéma… ?

J'entends encore, quarante-cinq ans après, sa petite voix cristalline dire : « *Le cinéma ; évangéliser par le cinéma, ce serait vraiment bien* ». C'est tout.

Cette petite phrase ne me lâchera pas, ne me lâche pas. Dans les moments de joie, de gratitude d'une belle soirée de débat, elle me confirme, me conforte. Dans les moments de doute, de découragement, elle me tient, m'interpelle.

Toute une année, je vais alors me former à la critique de films auprès de Pierre d'André. Prenant la suite de Pierre Goursat (fondateur de la communauté de l'Emmanuel), Pierre d'André est alors le secrétaire général de l'Office Catholique du Cinéma. De là, il fonde une revue de critique de cinéma : ROC (Réseaux d'Organismes Culturels).

Auprès de lui et de son équipe, j'apprends à analyser un film : sa valeur humaine, technique, culturelle, spirituelle. Décortiquer un film, un scénario ; analyser chaque personnage, la musique, la technique, les plans ; le voir et le revoir, le travailler. Tout cela me passionne. Il me demande également de rédiger quelques critiques ; un coup d'envoi pour moi.

*Parfum de femmes* et *Vol au-dessus d'un nid de coucous* font l'objet de mes premières critiques. J'y travaille avec élan.

Forte de cette petite expérience, et de la phrase de Marthe, je décide de lancer à Rennes où j'habite les dîners débats à partir de films.

Commence l'aventure ROC.

# I

# Comment monter un débat ?

Je suis convaincue que le cinéma attire toujours, il ne se démode pas. Il offre un moment, un espace où le temps s'arrête pour entrer dans une autre histoire, un autre monde : évasion, divertissement, comédie, histoire, science-fiction, drame, héros... En un mot, il est fédérateur. Voici comment peu à peu s'est construite l'organisation de façon tout à fait pragmatique.

## LE CHOIX D'UNE EQUIPE

Très vite, j'en parle à des amis ; je repère quelques personnes attirées par le cinéma. Se constitue alors une équipe. La première rencontre réunit à la maison une vingtaine de personnes. Je leur expose très simplement le concept : un débat organisé à partir d'un film de qualité. Tout est à construire. A la fin de la réunion, c'est décidé, on se lance ! Désormais ce ne sera plus « je » mais « nous ». Nous sommes plusieurs jeunes couples à aller souvent au cinéma, avec en arrière-pensée de sélectionner quelques films. Nous suivons l'actualité cinématographique de près. Chaque mercredi matin, des nouveautés sortent.

# LE CHOIX DU FILM

Comment choisir, sur quel critère ? Celui du ressenti, de l'intérêt général, de la technique, de la forme, du fond ? Chacun partage pourquoi il a apprécié tel film et le bien fondé de le sélectionner. Tour de table toujours enrichissant. L'expérience montre combien un film peut être perçu différemment. Peu à peu l'équipe apprend à motiver son choix. Avec un peu de recul, il y a :

- Les films qui s'imposent de soi : *Hiver 54* sur la pauvreté en France en 90, *Le cercle des poètes disparus* sur la transmission du savoir, *Les choristes* sur la paternité, *Des hommes et des Dieux* sur la présence chrétienne en Algérie. Et la liste pourrait s'allonger…
- Les films qui traitent d'un sujet tellement actuel : *Le dernier pour la route* sur l'alcool, *Welcome* sur l'immigration, *Demain* sur l'écologie, *Hors normes* sur la différence, etc.
- Les films qui permettent de découvrir et d'approfondir une personnalité ou une page d'histoire : Bernanos avec *Sous le soleil de Satan*, la guerre d'Indochine avec *Diên Biên Phu*, Jeanne d'Arc avec *Jeanne la pucelle*, Edith Stein avec *la septième demeure*.
- Les films qui parlent de talent, de métier : la peinture avec *Séraphine*, le chant avec *Marguerite*, l'équitation avec *Jappeloup*, la gastronomie avec *Les saveurs du palais*.
- Et puis il y a tout simplement les films qui réjouissent. Ainsi la recherche d'appartement dans *On connait la chanson*, l'amitié dans *Dialogue avec mon jardinier*, la solidarité des femmes face à la guerre dans *Et maintenant on va où ?*, sans oublier *Le sens de la fête* !

A noter que le débat n'a pas lieu à l'issue de la projection du film. C'est une décision prise, forte de la constatation qu'il n'est pas si facile de débattre juste après la séance. Nous en avons fait l'expérience avec *Bernadette* de Jean Delannoy. Peu de recul, beaucoup dans l'émotion, prise de parole accaparée par une ou deux personnes…

Donc, le débat a lieu une ou deux semaines après. Une fois le film choisi, il reste à trouver le cinéma qui le fera passer. Deux possibilités se présentent. Ou le film est à grand succès, marche bien, va être à l'affiche plusieurs semaines, et il n'y a pas de problème pour le voir. Ou le film est moins commercial ; alors il faut prendre contact avec un cinéma qui accepte de le faire repasser. Nous choisissons les dates avec lui. Nous n'avons jamais rencontré d'opposition de la part de cinémas, trop contents de remplir leur salle.

Une anecdote revient à l'esprit. Persuadée que les grandes salles de cinéma feraient passer un film que nous avions retenu, nous lançons une invitation à un dîner débat le concernant. Or, finalement, le film n'est pas programmé. Après des recherches, j'arrive à avoir le numéro de téléphone du directeur des Gaumont. Je lui précise que je lui demande un service, lui explique que je me suis avancée un peu vite sur le fait qu'il ferait passer le film et lui exprime mon embarras et le besoin de son aide car les invitations sont déjà lancées ! Il me demande de le rappeler dans la soirée : bonne nouvelle, il programmera deux séances !

## LE CHOIX D'UN LIEU ET LA FORMULE

Pour trouver un lieu adéquat, nous nous sommes pas mal « promenés ». Les premiers débats ont lieu à La Hublais à Cesson, tout près de Rennes. Puis nous allons dans divers établissements scolaires à Rennes même : Le Vieux Cours et L'Assomption. En 1990, nous sommes arrivés au lycée Saint Vincent. Avec la venue de l'abbé Pierre en personne pour le film *Hiver 54,* le directeur de l'école nous a accueillis chaleureusement. Et depuis, nous avons toujours eu un très bon accueil.

Quelle formule ? C'est un dîner-débat. Nous apprécions de dîner ensemble. Un dîner simple (plateau repas) au cours duquel les personnes vont échanger sur le film. C'est différent d'aller à une conférence après le dîner que de venir dîner, se poser, partager avec d'autres sur les thématiques de la soirée. Nous tenons beaucoup à cette approche, à cette convivialité. C'est aussi une occasion de rencontres pour des personnes plus isolées. Il y a les habitués des dîners-débats et les plus « occasionnels » attirés par la soirée en elle-même.

Dîner simple donc, où à chaque table les personnes s'entretiennent du film et préparent des questions qu'elles souhaitent poser aux invités. A l'issu du repas, les questions sont posées oralement, ce qui permet de voir les points essentiels auxquels il faudra répondre. Mais alors…

## QUI INVITER POUR PARLER DU FILM ?

C'est la grande interrogation, la grande question, la plus importante. De là va grandement découler la réussite de la soirée. Inviter une, deux ou trois personnes ? C'est progressivement que nous avons compris, de façon pragmatique, comment il fallait bien cibler.

Tout d'abord, il est indispensable d'avoir vu le film avec attention. Le rôle de l'équipe est important. Il peut arriver que nous n'ayons pas tous compris la même chose et appréhendé de la même manière ce que dit le film. C'est toujours étonnant et enrichissant de voir des points de vue différents. C'est aussi l'occasion de mieux comprendre le film. Au bout du compte se dégagent en général quelques points forts qui font dire : « *On ne peut pas ne pas parler de cela* ».

En général, inviter trois personnes assure un bon équilibre au déroulement de la soirée. C'est une règle de base qui souffre d'exception comme toute bonne règle. Trois intervenants donc. La plupart du temps, dans un film, se trouvent abordés différents thèmes. Les regards croisés de plusieurs personnes permettront d'éclairer le sujet et d'approfondir certains points.

A propos du *Mystère Henry Pick* sorti en 2019 sur le succès d'un livre, nous avons fait appel à une écrivaine, un directeur d'une grande librairie et un éditeur. Tous les trois se complétaient, se corrigeaient éventuellement, apportaient chacun son domaine de compétence.

Pour *Les saveurs du palais* en 2012 sur la gastronomie, un couple de restaurateur, un enseignant en hôtellerie et une passionnée de sainte Hildegarde ont contribué au bon déroulement des réponses à apporter aux questions posées par la salle. *C'est quoi la vie* en 1999 sur l'agriculture a réuni un agriculteur, un professeur d'agronomie et un élu local. Tous les trois dialoguaient, se répondaient, montraient les joies et les difficultés du métier.

Parfois le sujet est tel qu'il ne nécessite pas forcément trois personnes. A partir du livre *Catholiques anonymes* a été réalisé en 2011 le film *Qui a envie d'être aimé* sur la conversion. L'auteur du livre est venu en personne ; nous avons également invité un prêtre. Cela suffisait en soi.

Restent les soirées un peu exceptionnelles avec un seul intervenant. Cela a été le cas pour *Hiver 54* en 1990 avec la présence de l'abbé Pierre. Quelques années plus tard, en 1994 Régine Pernoud en personne nous faisait l'honneur de participer au débat à partir du film *Jeanne la Pucelle*. Spécialiste mondialement connue et reconnue sur Jeanne d'Arc, à elle seule, elle maitrisait parfaitement le sujet.


## A LA RENCONTRE DES INTERVENANTS

Rencontrer les intervenants est toujours un moment important. Passé le petit moment d'appréhension de contacter une personne à propos d'un film, il y a l'intérêt et la joie de la rencontre. La plupart du temps, nous recevons un bon accueil. Il est très rare d'avoir d'emblée une réponse négative. En effet, la formule plait : le support d'un film et, à partir de là, répondre à des questions intéresse. Il est à noter combien les personnes sont prêtes à partager leur compétence, leur connaissance et leur amour du métier. Nous l'avons constaté maintes fois, dans quelque domaine que ce soit. Du couple accueillant des immigrés pour *Fortuna* en 2019 au traiteur pour *Le sens de la fête* en 2017, en passant par une élue maire pour *La dame de fer* en 2012.

Une fois faite la demande d'intervenir, il reste à explique que nous ne donnons aucune commission ; nous remboursons juste les frais de train et d'hôtel. Il me revient à l'esprit l'appel passé à Régine Pernoud. Ayant eu connaissance des honoraires demandés par cette historienne hors pair, je me hasarde au téléphone à lui expliquer que nous sommes une toute petite association et que nous n'avons aucun budget pour des honoraires à donner à nos invités. Silence ; après quelques minutes qui paraissent longues, elle me dit : « Vous devez être bien soulagée de m'avoir prévenue ». « Effectivement », je réponds. « Eh bien, je viens ; mon amour pour Jeanne d'Arc est tel que j'accepte et j'apprécie aussi votre demande ». Merveilleuse Régine Pernoud !

Le ou les intervenants trouvés, vient le temps de rédiger l'invitation. Quelle accroche, quelles questions, que mettre en lumière, en priorité ? Ne rien oublier. A plusieurs, nous rédigeons. Il y a toute une évolution depuis la première invitation. C'était en 1978, invitation écrite à la main pour *Le passé simple*. Maintenant, tout est plus simple, plus attrayant et se fait par mail.

Qui invitons-nous ? Au départ les personnes que nous connaissons ; avec toujours l'idée d'ouvrir à d'autres. Peu à peu, un listing s'est constitué et il est nécessaire de le remettre à jour régulièrement.

## TRAVAILLER LE SUJET

Un débat, cela se prépare, se construit, s'enrichit, s'affine.

Le premier travail fait en équipe sera de délimiter le sujet. Il n'est pas possible de tout traiter. Qu'y a-t-il d'important, d'essentiel à aborder ? Où faut-il passer davantage de temps ? Une fois les thématiques recensées, nous réfléchissons aux questions que nous poserons aux différents intervenants.

En équipe, nous nous communiquons également des titres de livres ou d'autres films qui abordent les sujets retenus. C'est un travail intellectuel qui profite à tous.

Quel plaisir d'échanger, de travailler sur des sujets toujours nouveaux qui très souvent ont un impact sur nos vies. La préparation du film *Ce qui nous lie* en 2018 sur l'héritage et la filiation nous a permis, grâce aux compétences de l'une d'entre nous, de saisir un peu davantage la complexité des liens de famille, ce à quoi et ceux à qui nous tenions vraiment. Que dire de l'investissement en temps et en lecture sur Bernanos à propos de *Sous le soleil de Satan* en 1987. Occasion de lire, de relire, de voir toute l'actualité de Bernanos en particulier à partir du livre *Bernanos aujourd'hui*. Son auteur était présent à la soirée.

Et les films relatant une page d'histoire. En 2014, *Cristeros* sera l'occasion de découvrir pour certains, d'approfondir pour d'autres, une période méconnue de l'histoire du Mexique.

## Témoignage

Lorsque je suis arrivée à Rennes, une amie m'a proposé de participer au petit groupe de préparation des débats ROC. Bien que pas du tout cinéphile, je suis venue et j'ai tout de suite été séduite par le concept. Je me souviens de l'accueil si chaleureux de l'équipe. ROC a aussi pour vocation l'accueil des nouvelles rennaises. Plus le temps passe, plus je suis touchée par la profondeur de nos échanges lorsque nous préparons le débat. J'observe combien au-delà de la problématique du film nous essayons de nous élever, de réfléchir autrement. Je pense notamment à nos questionnements à propos de films aussi différents que *Hors-normes, Demain, Fortuna, Ce qui nous lie*. Chacune apporte alors, avec plus ou moins de passion, une part de vérité et nous permet de clarifier et revisiter nos pensées et nos comportements.

Depuis quelque temps, nous nous sommes modernisées, nos invitations sont transmises par le web, mais je me souviens de l'époque où, telle une ruche, nous nous réunissions un après-midi avant le débat pour rédiger les 350 enveloppes et coller chaque timbre. C'était l'occasion dans une atmosphère pleine de gaieté de nous donner des nouvelles de celles ayant déménagé, d'intégrer dans notre listing le maximum de nouveaux arrivants, de jeunes couples, d'étudiants et de partager sur nos projets.

ROC, c'est aussi, quand c'est possible, avant le débat, la richesse de la rencontre de chacun des intervenants. C'est un moment fort, ou la confiance se crée. Je me rappelle, combien cette préparation a été riche avec une amie, praticienne Wittoz, au sujet du film *Ce qui nous lie*.

Avant le débat, j'ai pour rôle la prise de contact avec le lycée Saint-Vincent pour l'organisation du dîner. A chaque fois, j'apprécie la gentillesse de mes interlocuteurs. Le dîner est toujours bien préparé. La sono nous a quelquefois donné des sueurs froides mais tout s'est toujours bien arrangé.

ROC, c'est la chaleur de ce dîner où l'on prend le temps, par table de six, de se présenter et de s'interroger sur le film afin de déterminer les questions que nous poserons. Durant le débat, l'animatrice a un talent certain pour résumer le film, permettre à chacun des intervenants de s'exprimer sans être interrompu, développer cette alchimie si particulière entre nos invités et donner un mot de la fin qui élève. C'est ainsi que mon mari et moi, n'avons jamais été déçus, et avons souvent continué notre réflexion.

Ensuite, vient le temps de la relecture par l'équipe de préparation, avec nos visions complémentaires enrichissantes pour nous permettre de progresser.

En un mot : longue vie à ROC !

Sophie

# II

# Le jour J

C'est le soir, le grand soir !

Cela commence à 20h15, et la fin est prévue à 22h45. Chacun à un rôle : l'équipe, l'animateur, les intervenants et la salle.

## LE ROLE DE L'EQUIPE

La mission de l'équipe est d'accueillir les personnes et de mettre du lien entre les invités. Veiller à ce que tout se passe bien depuis les plateaux repas préparés par un traiteur jusqu'au café-tisane proposé à la fin du dîner. Chaque membre de l'équipe a aussi un rôle d'animation à la table où il se trouve.

## LE ROLE DE L'ANIMATEUR

Juste avant le dîner, en introduction l'animateur fait un résumé du film. Ni trop long, ni trop court. Certains l'auront vu il y a quelque temps et auront besoin de rafraîchir leur mémoire. Partant du film, il est important d'en avoir un rappel assez précis. Il présente également les intervenants et rappelle la règle du jeu et le déroulement de la soirée :

- Un dîner rapide au cours duquel sont préparées les questions que la table souhaite poser aux invités.
- Puis le tour des questions : chaque table les formule à haute voix devant tous ; les questions sont toutes notées et seront reprises après. Le fait de les poser oralement donne une idée des attentes de la salle. De plus, cela crée une atmosphère, une ambiance vivante.
- Enfin le temps du débat.

Toutes les questions sont reprises par l'animateur dans un ordre qui assure le bon déroulement du débat.

Animer un débat s'apprend. Le travail en amont est essentiel : bien connaitre le sujet, avoir rencontré les intervenants, avoir préparé un fil rouge, conducteur de la soirée. L'animateur veille à ce que les principales thématiques soient abordées, que l'essentiel soit exposé. Il est vrai qu'il y a des imprévus, des questions inattendues, des réactions non prévisibles qui demandent une adaptabilité de l'animateur. Au fil du temps s'est imposée l'incontournable première question à poser : « Qu'avez-vous pensé du film ? » La question n'est pas : « Avez-vous aimé le film ? » La réponse serait alors totalement subjective. C'est au bout de plusieurs années que j'ai rectifié la question en passant de « aimer » à « penser ». Ceci grâce à un intervenant du film *Le grand silence* qui m'a gentiment corrigé. En général, la première partie est consacrée à toutes les questions posées directement sur le film. Tout l'art de l'animateur est de faire parler chaque invité, chacun selon sa compétence. Avec ce qu'il est, ce qu'il connait, il apporte une réponse, un éclairage sur les points abordés.

L'animateur veille à ce que chacun ait un vrai temps de parole, puisse expliciter son point de vue sans être tout de suite coupé.

L'animateur est attentif à ne pas oublier que toutes les questions soient abordées. La règle du jeu veut également que chaque intervenant puisse redemander la parole suite à ce qui vient d'être dit. Assez vite, l'animateur perçoit l'invité qui parle facilement et celui pour qui l'exercice n'est pas si simple. A lui de le mettre en confiance, de permettre à chacun d'exploiter ses compétences. Cela demande aussi de savoir poser de bonnes questions, même si certaines fâchent…

Il y a une progression dans un débat. Nous partons du film pour aller beaucoup plus loin. Dans la comédie musicale *Et maintenant on va où* de 2011, il s'agit de la guerre au Liban et du rôle des femmes pour arrêter la guerre, jusqu'où elles sont prêtes à aller pour protéger la vie, la vie de leur fils, leur mari, leur père. Comment elles favorisent la paix. Pour cette soirée, nous avons invité une femme membre de la communauté San Egidio. Elle a partagé les démarches menées par cette communauté, dans la discrétion, pour favoriser, permettre la paix dans des pays en guerre. Sa présence a élargi le thème à proprement parler du film.

C'est le rôle de l'animateur d'ouvrir à des horizons plus vastes que le film, d'ouvrir des portes pour permettre à la salle d'être nourrie, d'être enrichie par de nouveaux apports.


## LE ROLE DES INTERVENANTS.

Bien évidemment, chaque intervenant est attendu pour ses réponses. C'est tout un art de tout de suite captiver l'auditoire. Si l'intervenant connait bien le film, cela se sent et se voit tout de suite. S'il a pensé et travaillé en amont les questions qui risquent de lui être adressées, cela permet une belle qualité d'échanges.

C'est toujours rassurant et confortant de voir les invités rebondir sur ce que l'autre a dit en confirmant et en ajoutant d'autres perspectives. Ceci dans des domaines variés. A propos du film *Et les mistrals gagnants* de 2017 nous avons réuni pour le débat un couple de parents d'une jeune fille très handicapée, une femme bénévole dans les soins palliatifs et un médecin de rééducation pédiatrique. Chacun, avec beaucoup d'écoute, de délicatesse, de compétence se répondait, se confortait, partageant ses interrogations, ses difficultés, ses espoirs. Tous cherchaient à aller plus loin pour donner le meilleur aux enfants handicapés.

Merci les intervenants !

## LE ROLE DE LA SALLE

Il n'est pas négligeable. En premier lieu, ce sont les questions posées par la salle qui donneront le « la » au débat. Bonnes questions, bon débat ! Le niveau de silence de la salle, au cours de la soirée, donne une idée de la qualité du débat ; les murmures, les légers grognements ne sont jamais de bon augure... La salle est vivante, réactive, voir surprenante ; en cas de difficultés inattendues, elle peut être d'un précieux secours.

En 1986, à propos du film *L'élu*, le débat faisait état du conflit israélo-palestinien, un sujet qui fâche, difficile et douloureux. Un journaliste, invité pour présenter la situation politique du conflit se voit contester violemment par le conjoint d'une intervenante qui part furieux en claquant la porte. Stupeur. Moment de flottement. Dans la salle, calmement un homme se lève et dit « Il me semble que ce n'est pas juste de ne pas pouvoir entendre ce qui vient d'être présenté objectivement par le journaliste, et cela quel que soit le degré d'émotion, de colère qui peut être ressenti ». Alors, le débat a pu reprendre peu à peu, prudemment sachant que le sujet était explosif.

La salle peut aussi venir au secours d'un débat qui démarre difficilement alors que le sujet ne prête pas à confusion ou tension. Seulement les invités n'arrivent pas à canaliser le sujet. Le film *Les trois frères* sorti en 1982 se situe en Italie et la soirée porte sur la culture italienne. Les intervenants piétinent, semblent dépassés par la largeur du sujet. Contre toute attente, c'est un professeur d'italien, présent dans la salle qui sauve le débat par ses remarques et la pertinence de ses réflexions.

# LA RELECTURE DE LA SOIREE AVEC L'EQUIPE.

Qu'est-ce qu'un bon débat ? Quels sont les critères de réussite ? Revenons au film ; c'est à cause de lui, c'est à partir de lui que la soirée est réalisée. La qualité du film est un premier critère. Que les spectateurs aient apprécié d'avoir vu le film est important.

Les objectifs fixés sur la feuille d'invitation ont-ils été tenus ? Le débat a-t-il été cadré ? Est-il parti dans tous les sens ? A-t-on répondu à toutes les questions ? Étaient-elles pertinentes ?

Nous passons en revue chaque intervenant, la façon dont il a été présent, attentif, réactif. Un autre critère de réussite est la fluidité entre les invités. Le courant passe ou pas… Ont-ils eux-mêmes vécu un bon moment ? Se sont-ils enrichis humainement, intellectuellement voire spirituellement ?

Un autre critère est la participation de la salle, son niveau d'écoute, de silence, sa capacité de réaction à ce qui a été dit.

Pour l'animateur, la satisfaction est d'avoir pu permettre à chacun, à chaque invité de donner le meilleur de soi-même, de son expérience, de ses compétences. Satisfaction également quand le débat a décollé, qu'il est allé en quelque sorte plus loin que le film, a ouvert de nouveaux espaces, de nouvelles perspectives, a donné envie d'approfondir davantage tel ou tel sujet.

Joie toute simple d'avoir passé une bonne soirée… Tous les débats ne sont pas de même qualité.

Quels sont les points de vigilance ? Au regard des années passées, le grand point de vigilance est de s'assurer que l'intervenant est à l'aise avec ce genre d'exercice de questions-réponses. Pour le film *La chute* nous rencontrons un invité, un écrivain maitrisant son sujet avec une grande hauteur de vue. C'est un professeur qui doit exceller en cours magistral. Le jour du débat, il est dérouté par le style de la soirée. Il a besoin de temps pour développer son propos et n'est pas très à l'aise. Il se sent frustré dans ses réponses. Cela n'a été simple ni pour lui, ni pour l'animateur.

Autre point de vigilance : l'émotion de parler en public, notamment sur des sujets douloureux. Ainsi le film *Boat people* en 1984 relatait la venue en Europe de ces bateaux de fortune partis du Vietnam pour fuir la guerre. J'ai rencontré à plusieurs reprises une étudiante vietnamienne rescapée de ces boat people. Elle accepte de participer au débat. Je lui demande si ce ne sera pas trop dur. Elle m'assure que cela ira. Le soir du débat, en prenant la parole, elle fond en larmes Ses larmes ont dit plus que tous les discours sur la véracité du film. Heureusement, un étudiant vietnamien présent dans la salle st venu dire quelques mots pleins de justesse.

# III

# Zoom sur quelques débats

Voici quelques exemples de débats qui illustrent la variété des thèmes abordés et reflètent l'actualité sociale :

- *Hors Normes*
- *Demain*
- *Des hommes et des Dieux*
- *Welcome*
- *Le dernier pour la route*
- *Jeanne la Pucelle*

Pour chaque débat, vous trouverez la présentation faite en début de soirée et quelques points d'appréciation sur la manière dont s'est déroulé le débat.

# *Hors Normes*

## Débat du jeudi 30 janvier 2020

## PRESENTATION DU FILM AVANT LE DEBAT

Chers amis, bonsoir !

Heureux de vous retrouver dans le cadre de ROC, nous souhaitons à chacun la bienvenue.

C'est le film *Hors normes* qui nous réunit ce soir. 7<sup>ème</sup> film d'Eric Toledano et Olivier Nakache, réalisateurs entre autre d'*Intouchable*s, *Samba*, *Le sens de la fête*. *Le sens de la fête*, à partir duquel, d'ailleurs, nous avons fait un débat il y a 2 ans.

Alors *Hors normes*. Directement inspiré par le quotidien et l'amitié de deux responsables d'association : Bruno, responsable de « La voix des justes » et Malik du « Relai ». Ils s'occupent de la prise en charge, de l'accompagnement, de l'insertion d'enfants, adolescents et jeunes autistes. C'est leur amitié qui est au cœur du film. Ils se serrent les coudes pour accueillir ces jeunes autistes appelés « cas complexes », parce qu'ils n'ont trouvé de place nulle part ailleurs.

Le film démarre fort. Dans la rue, Malik course une jeune fille devenue incontrôlable sous le regard inquiet des passants. Dans le métro, Bruno vient au secours d'un jeune qui a tiré le signal d'alarme et que des agents de la RATP réprimandent.

Le décor est planté ; c'est là qu'interviennent Bruno et Malik, avec les moyens du bord, dans le cadre de leur association. « On va trouver une solution » répète inlassablement Bruno aux parents désemparés, aux médecins débordés.

Immergé dans le quotidien de ces jeunes différents, le spectateur découvre le milieu médico-social ; nous plongeons dans un monde où rien ne va de soi. Bruno, par nécessité, s'affranchit des règles, ouvre des appartements de nuit pour accueillir ces jeunes, fait travailler des référents non-diplômés, embauche des jeunes, eux-mêmes en difficulté, venant de quartiers défavorisés. Et tout cela, en dehors de tout cadre institutionnel. En effet, « la voix des justes » n'est pas homologuée par les services sociaux. Cela lui vaut une inspection de l'IGAS (Inspection Générale des Affaires Sociales) qui menace de fermer l'association.

Dans le film, nous suivons deux jeunes : Valentin, autiste qui ne parle pas, porte un casque de rugby pour s'empêcher de se faire du mal. Son référent, Dyan, a bien du mal à comprendre son fonctionnement.

Nous suivons également Joseph. Joseph, qui se fait rappeler par Bruno : « *Non Joseph, on ne tape pas sa mère, on ne tire pas la sonnette d'alarme, on ne met plus sa joue sur l'épaule de Brigitte* ». Aussi turbulent qu'attachant, Joseph incarne toute la singularité d'une personne hors normes.

En préparant la feuille d'invitation avec notre petite équipe, nous nous sommes arrêtés à des mots :

- Regard, choc, peur, enfermement, déni.
- Libération, empathie, ensemble, compréhension.
- Reconnaissance, nouveau départ.

Nous avons opté ce soir de ne pas faire un débat sur l'autisme en soi ; mais, à partir de ce film qui parle de personnes hors normes réfléchir à ceux qu'elles vivent, et la façon dont nous aussi, nous sommes avec elles.

Cela nous a entraîné à inviter tout naturellement Laurent de Cherisey, fondateur de l'association *Simon de Cyrène*, et d'un binôme de compagnons *Simon de Cyrène*.


## APPRECIATION DE LA SOIREE

- Une salle très attentive et sérieuse, composée d'hommes et de femmes vivant, partageant le quotidien avec une personne « hors normes ». Les questions posées sont révélatrices d'un état de souffrance devant les difficultés de trouver leur place dans la société, dans la vie de famille, dans la vie tout simplement. Mais, qu'est-ce qu'être hors normes ? Qu'est-ce que cela veut dire ?

- La présence de quelques personnes porteuses de handicap, et l'intervention de l'une d'entre elles permet de rester dans le concret du sujet.

- La parole lumineuse de l'intervenant. Elle console, prend du recul, de la hauteur, encourage, questionne sur notre accueil de la différence, invite à la joie de partager des moments avec des personnes dites « hors normes »

- La fécondité de l'altérité, du dialogue. Le cri prophétique, le cri de la solitude de certains qui entrainent, recréent une humanité commune. L'impact dans la société des maisons *Simon de Cyrène*, petits ilots où la vie a du sens, où on prend le temps de vivre avec ses fragilités, ses limites partagées avec d'autres.

- A propos de l'intervenant, voici la réflexion d'une participante : « *C'est un homme qui redonne le sourire à tant de familles qui l'avait perdu depuis longtemps. Il nous ouvre un avenir* »

# Demain

## Débat du mardi 24 mai 2016

## PRESENTATION DU FILM AVANT LE DEBAT

Chers amis, bonsoir !

Heureux de vous retrouver, nous souhaitons à chacun la bienvenue. Nous nous réunissons à partir, à propos du film *Demain* de Cyril Dion et Mélanie Laurent, sorti il y a un an en France. Ce film a reçu le César du meilleur film documentaire. Il connait un réel succès car il répond à une attente, une recherche

De quoi s'agit-il ? Le film démarre avec cette question : « Quelle terre et quel avenir allons-nous laisser à nos enfants ? » Partant d'une étude alarmante parue dans la revue scientifique *Nature* en 2012, disant que notre planète risque d'être épuisée d'ici 2100, les réalisateurs vont à travers le monde, à la rencontre de ceux qui proposent des solutions.

Ce constat posé : « l'humanité est menacée par l'effondrement des écosystèmes », le documentaire dévoile des solutions glanées dans une dizaine de pays, et cela, au travers de cinq chapitres : l'agriculture, l'énergie, l'économie, la démocratie et l'éducation.

Quelques flashs tirés ci delà du film :

- Nous voici, par exemple aux USA, à Détroit en train de gratter la terre avec les survivants de la grande crise économique de 2008. Dans cette ville dévastée, les chômeurs ont investi les friches pour y produire eux-mêmes leur nourriture, et créent du lien ensemble.

- Un peu plus loin, les habitants de Copenhague s'apprêtent, grâce à un mode de vie repensé, à se passer complètement des énergies fossiles pour les renouvelables d'ici à 10 ans.

- De même, les habitants de San Francisco sont en passe de recycler 100% de leurs déchets, ce qui permet un compost de qualité pour les cultures alentour.

- Citons encore le couple Hervé Gruyer qui, sur les terres normandes, expérimentent la permaculture, une agriculture 100% bio, et ultra-productive en terme de rendement.

- Parlons également de la ville de Bâle qui, avec sa monnaie locale, le WIR, réservée uniquement aux entreprises, permet de maintenir l'activité économique locale.

Mises bout à bout, ces initiatives concrètes et positives forment un système qui fonctionne déjà et pourrait bien être le monde de demain. Ces diverses réalisations font ressortir un nouvel art de vivre pour transformer le monde. Succès donc de ce documentaire *Demain*.

Quelques mois auparavant la sortie de ce film, le pape François publiait l'encyclique *Laudato Si* sur la sauvegarde de la maison commune. On sait l'impact, l'intérêt que suscite *Laudato si*, une contribution essentielle pour une réflexion sur l'écologie, la planète, les comportements, etc.

Comment ne pas parler également d'économie. L'économie et l'écologie sont-elles au service l'une de l'autre ? Dans le film également, nous voyons de nombreuses initiatives réalisées dans des milieux urbains. Quelles perspectives aujourd'hui pour nos métropoles ?

Beaucoup de questions viennent à l'esprit. Merci aux trois personnes qui vont nous aider dans la réflexion :

- Dominique Vermersch, ingénieur agronome, directeur de recherche à l'INRA, recteur de l'Université Catholique de l'Ouest.

- Mathieu Theurier, élu à la mairie de Rennes.

- Charles Vaury, responsable agriculture durable dans une entreprise phytopharmaceutique.

## APPRECIATION DE LA SOIREE

- Un documentaire intéressant, pragmatique, montrant des réalisations surprenantes dans des domaines divers.

- Un sujet très vaste : le monde de demain !

- Grande place donnée pendant la soirée à l'encyclique du pape François *Laudato Si* : sa pertinence, son actualité, sa profondeur, ses pistes de réflexion et d'action. Elle rejoint le film car elle aborde comme lui de nombreux thèmes : l'agriculture, le climat, l'éducation, l'économie…

- La prise de conscience écologique est un des faits majeurs des dernières années.

- Partages bénéfiques des intervenants sur la vision du monde, de nos villes de demain. Grande écoute entre eux avec une recherche de comprendre l'apport de chacun.

- Une constatation, à la fin de la soirée :

**Pour transformer la société,
il faut se transformer soi- même ».
Tout un programme, toute une vie !**

# *Welcome*

## Débat du lundi 30 mars 2009

## PRESENTATION DU FILM AVANT LE DEBAT

Chers amis, bonsoir !

Une fois encore nous nous retrouvons dans le cadre de ROC. Ce soir, nous allons réfléchir ensemble sur le regard que nous posons sur les personnes immigrées, sans papier, réfugiées. Le 11 mars dernier, est sorti en France *Welcome* de Philippe Lioret.

Vous savez comment ce film a été accueilli par la presse, les critiques. Certains journaux le considèrent comme l'événement du mois. Tout le monde en débat, depuis le réalisateur jusqu'au ministre de l'immigration en passant par le maire de Calais, les associations concernées et chacun de nous ce soir.

Alors, *Welcome*, qu'en est-il au juste ? Philippe Lioret nous livre un film sur l'immigration clandestine et les mesures prises pour lutter contre. Il a porté son regard sur la dernière étape des clandestins qui veulent gagner Londres et s'entassent sur les rivages de la mer du Nord, à Calais ; certains sans papiers sont là depuis des semaines, des mois.

Bilal, lui, vient d'arriver à Calais. C'est un jeune kurde irakien de 17 ans. Son désir, son intention est de rallier au plus vite la Grande-Bretagne pour retrouver la fille qu'il aime, Mina, menacée d'un mariage forcé. Avec la fougue de ses 17 ans, il s'imagine que rallier l'Angleterre sera facile. De fait, trouver des passeurs, ce n'est pas très dur à condition d'être plusieurs et de payer 500 £ chacun. Dissimulé dans un camion, Bilal ne se doute pas qu'il devra à certains moments, s'enfouir la tête dans un sac en plastique, afin que le gaz carbonique de la respiration ne soit pas repéré par les détecteurs des services de la douane.

Sa tentative ayant échoué, il envisage un autre moyen, plus fou encore : l'eau, la mer, la Manche, les côtes anglaises, si lointaines, si proches… Nager des kilomètres dans l'eau froide, en dépit des courants et des bateaux qui patrouillent.

Bilal dépense les quelques euros qui lui restent en leçon de natation à la piscine municipale. Il y rencontre Simon, maitre-nageur ; un maitre-nageur qui traverse une période difficile. Simon, un quinquagénaire que sa femme est en train de quitter. Sa femme, Marion, est bénévole dans une association qui distribue des repas aux migrants.

D'abord indifférent et pris par ses propres problèmes, Simon va peu à peu s'intéresser à Bilal. Touché par la ténacité de ce garçon, il dit à Marion : « Il a fait 4000 kilomètres pour rejoindre celle qu'il aime et moi je n'ai pas été fichu de traverser la rue pour te retenir. Simon héberge Bilal, prend des risques pour lui, découvre un univers qu'il ignore. Le faisant monter dans sa voiture, le prenant chez lui, le voilà complice. Il est convoqué au commissariat car dénoncé par les voisins que nous voyons sur le pas de leur porte derrière le paillasson où s'étale en grosses lettres : WELCOME.

Simon entraine toujours davantage Bilal au crawl. Celui-ci fait un premier essai de traverser la Manche. Pris d'inquiétude, Simon prévient les services de secours maritime, n'hésitant pas à se faire passer pour son père. Bilal est repêché et reconduit à Calais. Simon déploie toute son énergie à l'entrainement de Bilal, avec en arrière-plan le secret espoir de regagner l'amour et l'estime de sa femme. Bilal fait une nouvelle tentative, est repéré et pris. Il meurt à quelques mètres de la côte anglaise.

Voilà brièvement résumé le film. Beaucoup de questions jaillissent à l'esprit. Plusieurs personnes vont nous aider dans notre réflexion que je vais maintenant présenter :

- Frère Norbert Marie est prieur du couvent des dominicains de Rennes.

- Maitre Hervé Rouzaud-le-Bœuf est avocat au barreau de Rennes, spécialisé en droit pénal et en droit des étrangers.

- Marie Christine James est médecin, membre actif du « cercle de silence de Rennes »

- Père Bernard Heudré, curé de l'église Saint Sauveur occupée par des sans-papiers l'année dernière.

## APPRECIATION DE LA SOIREE

- Le film *Welcome* est un bon support pour aborder le sujet de l'immigration.

- Tour d'horizon sur la situation des personnes immigrées en Europe et plus précisément en France. D'où viennent-elles, que fuient-elles, que viennent-elles chercher ? La complexité des situations.

- Le rôle et l'importance des associations, notamment la *Cimade*. Leurs relations avec l'Etat, les préfectures et mairies.

- Une présentation des « Cercles du Silence » qui viennent dénoncer les atteintes à la dignité de la personne.

- Une réflexion sur l'immigré : Abraham, l'étranger, éternel voyageur vers la terre promise, toujours en route. « Tu ne maltraiteras pas l'immigré » (Exode 22,20)

- Chaque personne sans-papier est une personne unique avec son histoire qu'il convient de respecter.

- Prise de conscience au fur à mesure de la soirée de la nécessité de s'informer, de se former pour comprendre, accueillir la question de l'immigration derrière laquelle ce sont des vies en souffrance.

# Des hommes et des dieux

## Débat du mercredi 1 décembre 2010

## PRESENTATION DU FILM AVANT LE DEBAT

Chers amis bonsoir !

Heureux de vous retrouver dans le cadre de ROC, nous souhaitons la bienvenue à chacun, en particulier à ceux qui viennent pour la première fois, notamment les étudiants.

Vous êtes venus ce soir parce que, comme plus de 3 millions de français, le film *Des hommes et des dieux* vous a rejoint quelque part. Il vient de se vendre à plus de 50 pays et a été choisi par notre pays pour représenter la France à l'oscar du meilleur film étranger. Il a obtenu de nombreux prix : Le grand prix du jury au festival de Cannes, le prix du jury œcuménique et le prix de l'éducation nationale.

Tourné au Maroc en décembre 2009, le film baigne dans les lumières de l'hiver dans l'Atlas. Il retrace l'histoire vraie de moines chrétiens qui vivaient en bonne harmonie avec la population locale au prieuré de Notre Dame de l'Atlas à Tibhirine en Algérie. La vie humble de frères cisterciens vivant l'aventure de la foi chrétienne en terre d'Islam dans un pays peu à peu livré à la violence de la guerre civile.

Situé entre 1993 et 1996, année de l'enlèvement des moines, le film met en scène la petite communauté monastique, dans la réalité de son quotidien, au rythme des tâches de la vie monastique : offices, lectures, travaux manuels, repas pris en silence, prières, hospitalité, participation aux fêtes villageoises sans parler des soins dispensés par frère Luc, médecin de 82 ans qui reçoit 150 personnes par jour.

Rien ne sera plus pareil après la venue d'hommes du GIA la nuit de Noel 1993. La peur s'installe. De plus en plus exposés, incités à partir, refusant de prendre position entre les « frères de la montagne », les terroristes, et « les frères de la plaine », les militaires, les moines ont le souci de rester proche des villageois et refusent la protection de l'armée.

Faut-il partir ou rester ? C'est toute la question évoquée lors des chapitres où chacun prend la parole et est amené à voter. Au cours d'une profonde maturation vécue au rythme de la prière, avec des craintes et des doutes mais aussi une foi solide, une réalité peu à peu s'impose : Rester.

Deux scènes superbes portent le film à son sommet : le chant des moines lancé comme une réponse au bruit oppressant d'un hélicoptère dont on ne sait trop s'il protège ou condamne les moines ; le dernier repas pendant lequel les frères communient littéralement autour d'un enregistrement du Lac des Cygnes. La caméra dépeint le visage des moines dont l'émotion trahit le pressentiment d'une fin proche.

Dans la nuit du 26 au 27 mars, les moines sont enlevés. Les frères prisonniers disparaissent dans un paysage de neige et de brume. En voix off, la lecture du testament du père Christian de Chergé : « *Quand un A Dieu s'envisage, j'aimerais que ma communauté, mon Eglise, ma famille se souviennent que ma vie était donnée à Dieu, à ce pays...* » pour terminer par « *A toi aussi, l'ami de la dernière minute qui n'aura pas su ce que tu faisais ; qu'il nous soit donné de nous retrouver, larrons heureux en paradis. Amen, Inch'Allah !* »

Le générique défile au son des moines qui psalmodient, un silence règne dans la salle attestant d'une réalité qui nous dépasse. Voici brièvement résumé le film.

Nous allons certainement aborder de nombreux sujets : la vocation des moines, le rayonnement du testament du père de Chergé, la présence chrétienne en terre d'islam, le dialogue islamo-chrétien.


## APPRECIATION DE LA SOIREE

- Unanimité de la salle devant la beauté, la vérité du film.

- Analyse et développement de cette histoire authentique, des diverses scènes relatant le scénario.

- Un public attentionné, en attente et réceptif aux propos des intervenants.

- Un historique de la présence des moines à Tibhirine ; leur vie quotidienne, leur insertion dans la vie locale pendant ces années de guerre civile en Algérie.

- De nombreuses questions sur le dialogue islamo-chrétien ; une invitation à se former.

- L'impact et le rayonnement du testament du père de Chergé.

- La fécondité de « vies données », du martyr.

- Quel avenir pour les communautés chrétiennes en terre d'islam ?

- Une soirée à teneur grave parce qu'elle aborde le don de la vie.

# Le dernier pour la route

## Débat du mercredi 2 décembre 2009

## PRESENTATION DU FILM AVANT LE DEBAT

Chers amis, bonsoir !

Nous sommes heureux de vous retrouver dans le cadre de ROC. Nous allons aborder ce soir un sujet qui nous concerne tous d'une façon ou d'une autre : l'alcool.

Le 23 septembre dernier sort en France le film *Le dernier pour la route* de Philippe Godeau. Philippe Godeau que nous avons la chance d'accueillir ici ce soir. Au nom de tous, je tiens tout de suite à le remercier et lui dire « Bienvenue à Rennes ».

Philippe Godeau, pour son premier film en tant que réalisateur construit une fiction inspirée de l'histoire vraie d'Hervé Chabalier, directeur de l'agence CAPA, dont le témoignage est paru en librairie en 2004 : *le dernier pour la route, chronique d'un divorce avec l'alcool.*

Un dernier verre pris au comptoir du bistrot en face de chez lui, Hervé prend un train à destination d'une clinique, un centre de désintoxication alcoolique perdu dans une nature superbe, du côté d'Aix-les-Bains.

Avec Hervé, on entame une cure qui va durer plusieurs semaines. Après avoir laissé son portable à l'accueil, Hervé fait connaissance des patients et des thérapeutes, tous d'anciens dépendants. Il rejoint Pierre qui sera son compagnon de chambre, Hélène, Jean-Marie, puis Magali dont la jeunesse abimée l'intrigue, et d'autres.

Choc du premier contact. Hervé regarde ses compagnons d'infortune comme des extraterrestres. Il découvre une thérapie de groupe fondée sur la formulation et l'attitude positive. En bon journaliste, il observe. Entre les tests et les séances collectives où chacun explore et partage l'histoire de sa dépendance, des liens se nouent. Les patients ont une sorte de guide de vie, une prière de la sérénité qu'ils disent ensemble chaque jour.

On suit donc Hervé tout au long de cette cure ponctuée de flash-back lui rappelant la déchéance dans laquelle il est tombé, le mal et les dégâts qu'il a faits à ses proches.

Hervé doit commencer par reconnaître sa maladie avant d'entamer un long processus de reconstruction. Au cours d'une thérapie de groupe, il dévoile le sentiment de culpabilité engendré par la mort de sa petite sœur lorsqu'il était enfant en Afrique et tout ce qui s'en est suivi.

Le film accumule les jeux de regard qui révèlent les enjeux de la thérapie : regards douloureux, parfois accusateurs, mais aussi regards compréhensifs, indulgents, regards d'amitié. La cure avance ; il faut envisager, appréhender le retour dans la vie normale. Il y sera aidé par des jeux de rôle, des mises en situation.

Hervé quitte la clinique, est de nouveau confronté à une proposition d'alcool, résiste et nous livre à la fin du film qu'il est actuellement abstinent. Voici quelques petites touches à propos du film.

L'alcool : un sujet brulant au pays du vin, du pastis, du cognac et maintenant de la bière et de la vodka.

Du bon usage de l'alcool : quand devient-il danger ?

Comment faire face à l'alcoolisme d'un proche ? Comment prévenir, comment guérir de cette maladie ?

La recherche de l'ivresse chez les jeunes, les adolescents ; comment aider celui qui veut s'en sortir ?


## APPRECIATION DE LA SOIREE

-   Actualité du sujet, notamment chez les jeunes.

- Questions de la salle montrant l'inquiétude de parents démunis devant cette réalité.

- Elargissement du thème par le réalisateur : « le sujet du film est plus large que l'alcoolisme ; chacun de nous, à un moment de sa vie, peut souffrir d'une dépendance ».

- Constatation par les intervenants de l'ampleur du phénomène de l'addiction.

- Nécessité de se faire soigner, sortir du déni, de la perte de l'estime de soi.

- Le rôle du médecin, de la famille, des proches.

- Encouragement : devenir abstinent relève du « possible ».

# *Jeanne la Pucelle*

## Débat du mardi 19 avril 1994

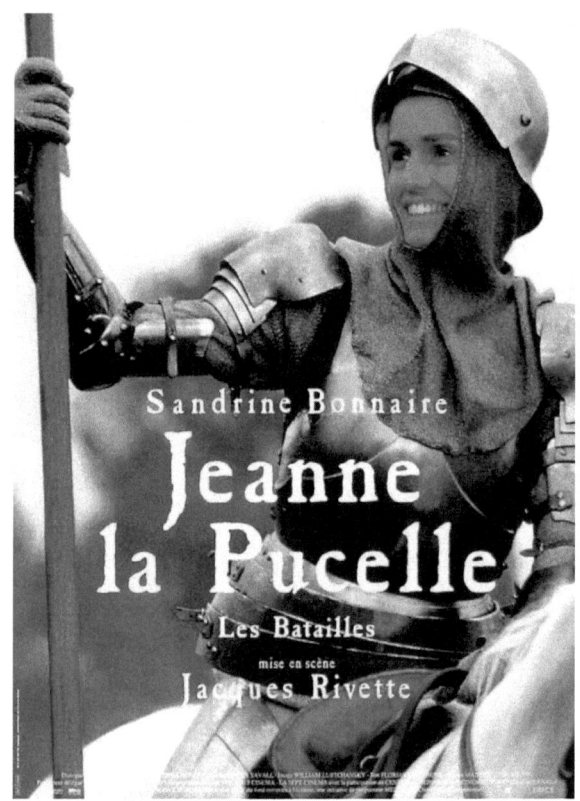

## PRESENTATION DU FILM AVANT LE DEBAT

Chers amis, bonsoir !

C'est avec une très grande joie que nous nous retrouvons ce soir en présence de Madame Régine Pernoud. Quel plus beau cadeau pouvions nous recevoir à l'occasion de la sortie en France du film de Jacques Rivette *Jeanne la Pucelle* que d'accueillir, ici à Rennes, dans notre petite association celle qui a tant fait au niveau national, international pour que le nom de Jeanne, la vie de Jeanne, l'histoire de Jeanne soient connus, reconnus dans le monde entier.

Est-ce vraiment utile madame que je vous présente ? Tout à chacun sait que vous êtes une médiéviste mondialement connue ; vous êtes l'auteur de nombreux ouvrages sur le Moyen Age. Sur Jeanne d'Arc, vous avez écrit une dizaine de livres dont le dernier *J'ai nom Jeanne la Pucelle* aux éditions Gallimard est accessible à tout public dès l'adolescence. Votre biographie *Villa paradis* est l'histoire de votre carrière de chartiste. En 1973, vous avez fondé le centre Jeanne d'Arc à Orléans.

Depuis longtemps, entre Jeanne et vous, c'est un long compagnonnage par-delà les siècles. Vous êtes sollicités partout pour venir éclairer l'histoire de Jeanne d'Arc qui est toujours aussi fascinante. En effet, tel un mystère qui, contrairement à ce qui est souvent dit, n'est pas quelque chose que l'on ne comprend pas, mais quelque chose que l'on n'a jamais fini de comprendre, l'histoire de Jeanne est pour nous une question et une réponse qui nous rejoint tous. Merci donc infiniment chère madame d'être avec nous.

C'est donc à l'occasion du film de Jacques Rivette que nous sommes réunis. Je dis le film, mais en réalité ce sont deux films qui durent près de trois heures chacun. Ils nous sont donnés, en un moment de notre histoire, où comme vers 1429 il y a *« grande pitié au royaume de France »* puisque l'espérance, semble-t-il, s'en est allée.

Le premier film *Les batailles*, titre repris à Péguy, met en mouvement les événements de Domrémy à Vaucouleurs puis longuement la chevauchée vers Chinon, la rencontre avec le dauphin, l'interrogation de Poitiers, le miracle du vent lors de la chevauchée vers Orléans, le siège enfin, puis la libération de la ville.

Le second film *Les prisons* montre la difficulté de Jeanne à convaincre l'entourage du dauphin à gagner Reims et à faire sacrer Charles. Après une série de victoires à Jargeau, Meung, Beaugency et Patay, nous assistons à la liturgie du sacre. Ensuite Jeanne ne reçoit plus de mission de ses voix. Elle échoue devant Paris ; le roi se fait lointain.

Jeanne, de son propre chef, va défendre Compiègne. Faite prisonnière, elle est vendue aux anglais et jugée par un tribunal ecclésiastique, présidé par Pierre Cauchon, évêque de Rouen. Le procès, dans le film, n'est symbolisé que par la seule scène de l'abjuration ; puis c'est la condamnation de celle que l'on dit hérétique, relapse, idolâtre. Elle meurt brulée vive sur le bûcher de Rouen, criant « Jésus », hurlant ce nom à l'ultime seconde lorsque l'intoxication et les flammes font de ce cri un dernier souffle.

Dans une interview, Jacques Rivette rapporte qu'au début il a eu très peur d'aborder Jeanne. Il a commencé par lire Péguy et Régine Pernoud. Très vite, il a su qu'il ne voulait pas refaire le procès de Jeanne ; il y avait le Dreyer, le Bresson. Ce qui intéresse Rivette, c'est Jeanne la guerrière, Jeanne au quotidien. Et c'est vrai, tout au long de ces deux films, nous voyons Jeanne au jour le jour.

Pour terminer ce bref rappel du film, je ne peux m'empêcher de relire avec vous quelques strophes de Péguy, que nous redisons toujours avec émotion tant, au-delà des vers, elles disent l'appel, le déchirement, l'accomplissement d'une vocation vécue par une jeune fille tout simplement humaine.

*« Adieu Meuse endormeuse et douce à mon enfance*
*Qui demeure aux prés, où tu coules tout bas*
*Meuse, adieu ; j'ai déjà commencé ma partance*

*En des pays nouveaux où tu ne coules pas.*
*Voici que je m'en vais en des pays nouveaux*
*Je ferai la bataille et passerai les fleuves*
*Je m'en vais m'essayer à de nouveaux travaux*
*Je m'en vais commencer là-bas les tâches neuves.*
*Meuse qui ne sait rien de la souffrance humaine*
*Ô Meuse inaltérable et douce à toute enfance*
*Ô toi qui ne sais pas l'émoi de la partance*
*Toi qui passes toujours et qui ne pars jamais*
*Quand reviendrai-je ici filer encore la laine ?*
*Quand verrai-je tes flots qui passent par chez nous ?*
*Quand nous reverrons nous et nous reverrons-nous ? »*

*Charles Péguy*

## APPRECIATION DE LA SOIREE

- Passionnante grâce à la connaissance de Régine Pernoud sur Jeanne d'Arc.

- Une plongée dans l'Histoire de France.

- Une analyse de la personnalité de Jeanne, ses voix, son caractère, son assurance : « Agissez et Dieu agira ».

- La jeunesse de Jeanne, son courage, sa solitude.

- La fécondité et le rayonnement de Jeanne ; elle inspire du XV au XXI siècles tant de personnes.

- L'inouï d'une telle aventure.

- Une salle attentive, totalement à l'écoute, dans un silence où la parole de l'intervenant prend tout son poids.

# IV

# Regards sur les ciné-débats

Avec le recul de plusieurs années, il est intéressant de faire une synthèse sur l'ensemble des soirées. Quelles leçons tirer, quelles constatations faire, quel est l'intérêt de cette formule, quel avenir ?

Plusieurs regards peuvent être perçus.

## REGARD SUR LES FILMS

Que de films divers ! Que de sujets abordés ! Le cinéma ne vieillit pas, ne prend pas de rides. Il continue toujours à explorer le monde. Il cherche, interroge, questionne, se passionne pour tout ce qui touche la vie et l'univers de l'homme. C'est une caisse de résonnance de la vie et des histoires humaines.

En regardant de près, en travaillant à classer les films par catégorie, il en ressort la constatation suivante : une vingtaine aborde des sujets de société, 16 traitent des relations humaines, 14 autour du talent, 13 sur la foi et la spiritualité et 18 concernent des pages d'histoire. Chacun a été une occasion de s'ouvrir au monde, de plonger dans des thèmes si différents. De l'immigration avec *Welcome*, à l'adoption et la filiation avec *Secrets et mensonges*, en passant par la gastronomie avec *Les saveurs du palais,* tous ces films permettent de découvrir et de s'interroger sur des réalités et thématiques variées.

Il n'est pas rare de constater que le cinéma est en symbiose avec les nouveaux défis, ce qui est dans l'air du temps, ce qui provoque, ce qui résiste, ce qui questionne. Ainsi dernièrement le film *Hors normes*. Bien auparavant, dans les années 1980, la prolifération des sectes était importante et devenait un sujet de société. Le film *Split Image* sort alors. Dans un autre style, les débats bioéthiques ne datent pas d'hier. En 2005, la société s'interroge sur les nouvelles techniques médicales, scientifiques permettant d'aller toujours plus loin dans la recherche. Nous organisons alors une soirée à partir du film *The Island* sur le clonage.

Le cinéma invite aussi à faire une relecture de l'Histoire, à prendre du recul pour avoir un regard davantage ajusté sur une période ou une personnalité marquante. Tel le film *Gandhi* où il a été question bien sûr de la personne de Gandhi mais aussi de l'Inde. Ou encore *Diên Biên Phu* sur la guerre d'Indochine.

## REGARD SUR LES INTERVENANTS

Un bon regard, un regard de considération. En dehors de quelques très rares cas de refus, nous avons un bon accueil. Qui n'a pas envie de parler de ce qu'il connait, ce qu'il travaille, ce qui lui tient à cœur ? Et cela, dans des domaines si divers.

Chaque rencontre avec un intervenant est une aventure. Après avoir pris contact, si c'est possible, le plus pertinent est de passer un moment ensemble avant la soirée. C'est alors un moment d'échange, de découverte du savoir de l'autre, de son expérience, de ses joies, de ses difficultés.

Pour le film *Demain*, nous prenons rendez-vous avec un élu local rennais. Un vrai dialogue s'installe ; il comprend que la salle ne lui sera pas forcément acquise, compte tenu de ses positions politiques. Il adhère à l'intérêt de rencontrer un autre public et nous préparons ensemble la soirée. Ce soir-là, la salle découvrira des aspects de la politique locale qu'elle n'avait peut-être pas perçue. Quant à lui, il repartira en ayant entendu d'autres éclairages que le sien sur le sujet traité.

Comment ne pas évoquer *Hiver 54* ? Quand le film est sorti, nous avons tout de suite pensé à inviter l'abbé Pierre. Le contact trouvé, nous l'appelons. Apprenant que nous sommes une toute petite association, il me dit au téléphone : « *Vous êtes « petits », alors je viens mais vous organisez tout* ». Il énumère les contacts à prendre, les lieux où il veut se rendre. Tellement heureux de sa réponse, nous acceptons sans trop bien réaliser la préparation que cela va demander. Quelle émotion de recevoir l'abbé Pierre au lycée saint Vincent. Tous les pensionnaires sont aux fenêtres pour l'accueillir, une salle pleine à craquer avec une musique d'Edith Piaf pour son entrée. Et lui, tout simple, âgé, sachant s'arrêter et saluer la personne qui en avait tellement besoin venant de perdre mari et enfants dans un accident de voiture, et lui ne le savait pas. Nous l'écoutons avec grande attention ; il invite chacun à être compétent dans son domaine, donner le meilleur et toujours être attentif aux plus petits, aux oubliés. Une grande affiche faite par l'équipe décore la salle : « *Viens m'aider à aider les autres* ». La phrase de l'abbé Pierre qui a été au départ des compagnons d'Emmaüs.

Souvenir inoubliable de cette rencontre à laquelle nous avions associés diverses associations caritatives qui toutes ont répondu à l'appel. Nous avons vécu un grand moment de communion.

La rencontre peut aussi être cocasse. On se rappelle du grand succès des *Choristes*. Nous décidons d'organiser une soirée dont le thème sera la paternité. Après discussion, nous optons pour faire signe à une personne qui parlerait bien du sujet. Celle-ci, une fois contactée, est enthousiaste de la proposition mais refuse d'aller voir le film par manque de temps ; elle trouve peu d'intérêt à dégager un moment pour voir les choristes. Une discussion un peu vive s'en suit. Nous tenons au film et elle tient à venir sans avoir vu le film, juste lire quelques critiques à son sujet. Une solution n'est pas trouvée. Quelques jours plus tard, elle m'appelle et me raconte l'anecdote suivante : allant voir un autre film, dans le cinéma, elle se trompe de salle. Le film commence : *Les choristes*... Elle sourit intérieurement, reste sur place, visionne le film et nous appelle en sortant, ayant beaucoup apprécié le film. Tout s'est donc bien terminé !

Lorsque le film *La septième demeure* sort sur la philosophe Edith Stein, juive, carmélite, morte en camp de concentration, les critiques sont mauvaises. Un coup de téléphone au carmel d'Avon indique un bon retour sur le film. Nous optons pour sélectionner le film. Un père carme, spécialiste de la vie d'Edith Stein nous passionnera et nous donnera des clefs pour mieux comprendre la vie, la pensée, le rayonnement de celle qui deviendra sœur Thérèse Bénédicte de la Croix.

*Jappeloup* a été le lieu de belles rencontres. Ce qui réunit les divers acteurs de ce film, c'est la passion du cheval. Pour le débat, ce fut une bonne occasion, pour trois personnes passionnées de chevaux de diverses manières, de se rencontrer : une femme cavalier, éleveur et coach en dressage ; un ancien écuyer en chef du Cadre Noir de Saumur ; et un homme qui fait de l'accompagnement de dirigeants, assisté par les chevaux. Ils se sont écoutés, estimés, et ont appris les uns des autres. La « mayonnaise » a pris entre eux ; c'était agréable de les entendre se poser des questions mutuellement et de voir tout ce qu'un cheval peut apporter à la société.

## REGARD SUR LE PUBLIC

Bien qu'il n'y ait pas de limite en la matière, un dîner débat réunissant entre 80 et 100 personnes est un nombre satisfaisant pour la bonne conduite de la soirée. Dînant ensemble, cela entraine du mouvement au début et à la fin du repas, donc un léger brouhaha ! Nous avons connu des grosses soirées notamment avec la présence de l'abbé Pierre qui a réuni plus de 600 personnes. Nous avons eu aussi des rencontres autour de 55 personnes dans une ambiance plus intimiste, avec une salle attentive et participante.

Faire le choix d'aller voir un film, puis quelque temps après s'inscrire à une soirée pour l'approfondir, montre une motivation qui parle déjà d'elle-même. Chacun vient pour quelque chose et les motivations sont souvent diverses : les intervenants, les thématiques du film, le plaisir de revoir des amis, etc.

Il y a des sujets plus simples les uns que les autres. Parler de la peinture, de l'art autour de *Séraphine* ne va pas entrainer inévitablement des polémiques compliquées. Il va plutôt s'agir d'aborder le talent, la créativité, la vie d'artiste. Le public attend et est demandeur d'avoir des regards croisés sur ce qui fait la beauté d'un tableau, la valeur d'une peinture, les motivations du créateur.

Autre est l'attente et le comportement de la salle pour des sujets plus difficiles, plus complexes, plus engageant. Les divers débats abordant l'immigration en sont l'illustration. *Welcome* et *Fortuna* n'ont pas laissé le public indifférent. C'est un exercice délicat, en un temps court, de parler d'une réalité aux dimensions humaines et sociétales qui nous bousculent. A chaque fois, la salle avait une grande écoute, avec l'adhésion de certains à ce qui était dit, et pour d'autres des interrogations. C'est le propre d'un débat.

Il y a aussi l'impensable et le déroutant. Tout peut arriver dans la salle, même ce qui parait impossible et s'avère véridique. Lors du débat sur *Jeanne la pucelle*, je vais accueillir Régine Pernoud à la gare et la dépose à son hôtel. Quelques temps plus tard, je la cherche à l'hôtel pour aller au lieu du débat. Au moment de monter dans la voiture, un homme d'une trentaine d'années monte aussi. La conversation s'installe vite sur le déroulement de la soirée, sur le film. Arrivés sur place, ce garçon est à côté de Régine Pernoud, ne la quitte pas. J'en déduis qu'il l'accompagne, peut-être son attaché de presse. Les places à table étant prévues, n'ayant pas compris et compté sur la présence de cet homme, je demande, en m'excusant, à une étudiante qui fait une thèse sur Jeanne d'Arc de lui donner sa place. La soirée commence et au bout de trois quart d'heure, je m'interroge sur ce garçon et glisse à l'oreille de Régine Pernoud de me dire le rôle de cet homme. Elle me répond alors qu'elle ne le connait absolument pas ! Je suis ébahie, jette à ce garçon un regard noir, essaie de rester calme, nous sommes en plein débat. La soirée s'achève, je n'ai pas encore conclu qu'il a déjà filé... Du jamais vu.

## REGARD SUR L'EQUIPE

Sans l'équipe, rien ne peut se faire. Au fil du temps, quelques constatations.

Un certain nombre de personnes ont fait partie de ROC, se sont données quelques années puis sont parties, suite à un déménagement ou tout simplement n'ont pas continué.

Il a été souvent remonté que ROC a servi de lieu d'accueil pour de nombreux arrivés à Rennes. Connaitre des personnes en échangeant autour du cinéma est un bon moyen de rencontre, d'intégration. Un film ne laisse pas indifférent ; réagir à son propos permet de découvrir la personnalité des uns et des autres.

Avoir un projet ensemble, élaborer une soirée, connaitre les aléas des réponses du cinéma, des invités, tout cela concourt à créer une amitié entre nous, une solidarité devant l'événement. Un débat peut avoir des répercussions inattendues. Il y a quelques années le débat sur Bernanos à partir du film *Sous le soleil de Satan* a permis à un couple en souffrance, de reprendre un dialogue conjugal suite à la soirée.

Il existe une complicité, une simplicité et une gentillesse entre nous. La délicatesse est aussi une composante importante. Il y a des films trop durs ou qui touchent à des points très sensibles qui peuvent atteindre certaines personnes de l'équipe. Ce n'est pas alors le moment d'organiser un débat. Par contre, les échanges que nous avons entre nous lors des réunions de choix de films, de préparation, sont importants et bénéfiques.

La formule est souple, les réunions aussi. La seule contrainte est le choix du film. Cette contrainte devient le motif qui nous réunit ; dès que le film est sélectionné, la machine se met en marche pour organiser la soirée ; c'est là que l'esprit d'équipe prend tout son sens et s'actualise.

## Témoignage

Très vite après notre arrivée à Rennes en septembre 2014, nous avons été informés des débats ROC. Nous aimons bien aller au cinéma, occasions de détente et de réflexions sur les questions qui habitent notre société et qui font sens pour nous. Nous ne connaissions pas grand monde et c'était pour moi un bon moyen de nouer des relations et d'échanger autour de sujets intéressants.

Cependant nous avions quelques réserves, craignant que des points de vue et des sensibilités trop différentes ou entières conduisent à des débats houleux et passionnels.

Etienne comme chef d'Etablissement de Saint Vincent ne voulait être ni pris à parti, ni trop vite « catalogué ».

La simplicité et l'accueil du groupe m'ont touchée, le choix retenu du film que j'avais proposé, *L'apôtre*, a achevé de m'embarquer dans l'aventure ROC.

Au terme de nos six années de présence, nous sommes encore et toujours contents de participer à ces soirées-débats : toujours intéressés par les films, même ceux que nous n'aurions pas vus de prime abord (par exemple *Le mystère Henri Pick*), nous apprécions la diversité et la qualité des intervenants qui approfondissent notre questionnement et élargissent nos horizons. Nous avons aimé aborder tous ces sujets, légers (*Le sens de la fête*) ou plus graves (*Fortuna*). Mais surtout, nous sommes impressionnés par la maîtrise de Mouche (Madeleine Pialoux), qui avec finesse, intelligence des personnes et des situations, arrive à mener sereinement et avec le sourire des débats pourtant parfois délicats.

Merci à elle et à toute son équipe compétente, qui l'épaule et la conforte.

Catherine

## L'ESPRIT DES DEBATS

A quoi tenons-nous vraiment ? Qu'est ce qui ressort de toutes ces soirées ? S'il faut résumer, quels sont les mots qui se dégagent et permettent de comprendre l'esprit dans lequel se vivent ces débats ?

### Compréhension et approfondissement

L'enjeu est de se saisir du ou des thèmes du film, de les travailler, de voir les impacts sur la vie de la société, et aussi sur notre vie. Le propre d'un débat est d'ouvrir des portes, des perspectives. En quelques heures, il est impossible de traiter exhaustivement un ou plusieurs sujets ; par contre il est possible d'éveiller l'assemblée à mieux comprendre une thématique, à donner du sens à telle ou telle question. Dans de très nombreux cas, nous avons recours à un théologien, un philosophe, un historien qui aura le recul nécessaire pour élever le débat, donner du souffle à la soirée. Que chacun puisse repartir nourri par cette soirée, en ayant appris quelque chose qui a « *élargi l'espace de sa tente* » (Isaïe 54,2).

### La convivialité

C'est une règle d'or. C'est d'abord respecter les personnes. C'est aussi donner un climat, une ambiance propice à ce que chacun puisse donner le meilleur de lui-même. Certains intervenants peuvent arriver un peu tendus, ne sachant pas trop comment cela va se passer, ne connaissant ni les autres intervenants, ni la salle. Mettre en confiance, apaiser, faire ressortir les compétences, les qualités de chacun sont des attitudes positives qui font partie de l'état d'esprit de la maison.

Convivialité également par le fait de prendre un repas ensemble. Ce choix de se retrouver pour partager un dîner n'a jamais été remis en cause. C'est un acquis qui a fait et fait encore ses preuves.

## La simplicité, l'humilité

En fait, c'est tout simple : un film, quelques personnes qui sont compétentes pour en parler, un public en quête de savoir, et le tour est joué !

Simplicité donc depuis le début. Des moyens pauvres et limités. Le but n'est pas de faire « gros » mais d'être plutôt un canal où des gens se rencontrent, s'écoutent, partagent, se renseignent sur ce que le cinéma donne à voir de notre monde passé, présent ou futur. Tout est présenté au cinéma…

Humilité parce qu'un débat n'est jamais gagné d'avance. Il y a toujours cette part d'inconnu, d'imprévu ; c'est ce qui en fait le charme. Humilité parce que les nombreux sujets traités nous ont bien souvent fait comprendre qu'une attitude humble, est la moins mauvaise réponse à de nombreuses questions.

Humilité parce que tout est parti d'une petite initiative sans prétention et qui continue à son rythme.

# Conclusion

C'est le mot gratitude qui me vient à l'esprit.

Gratitude pour toutes ces rencontres d'un soir qui ne laissent jamais indifférent. Rencontres aux contours si variés : certaines exceptionnelles, d'autres pertinentes, professionnelles, avec toujours cette bonne volonté d'exprimer sa compétence le temps d'un soir. Tous ces visages qui sont venus partager leurs réflexions sur un film restent inscrits dans la mémoire, avec en arrière fond une grande bienveillance.

Gratitude d'avoir beaucoup voyagé grâce au cinéma. En reprenant la liste des films, il est intéressant de noter combien la palette est large. Au fil d'une année, puis de deux, et enfin de toutes ces années, nous nous sommes embarqués dans des pages d'histoire, dans des défis contemporains, dans des questions existentielles. Et tout cela au travers de films. Cela a contribué à nous intéresser, à nous former, à être partie prenante dans le temps que nous vivons.

Gratitude d'avoir été fidèle à l'intuition première de partir du cinéma pour approfondir, donner du sens à ce qui est donné de voir dans les films.

C'est la recherche de s'approcher de ce qui est beau, juste, vrai d'un sujet de film.

C'est la passion d'avoir toujours à apprendre, à découvrir, à connaitre, à reconnaitre.

C'est la joie de pouvoir ensemble rendre grâce à la fin de chaque soirée.

C'est la joie de repartir avec des perspectives.


Pour terminer, je voudrais reprendre la conclusion du débat sur l'édition autour du film *Le mystère Henri Pick,* qui convient tout aussi bien au monde du cinéma.

*« En guise de conclusion, je vous livre trois citations à propos de la lecture :*

*La lecture est une amitié.*
*(Marcel Proust)*

*Lire et écrire sont deux points de résistance*
*à l'absolutisme du monde.*
*(Christian Bobin)*

*Quand je pense à tous les livres qu'il me reste encore à lire, j'ai la certitude*
*d'être encore heureux.*
*(Jules Renard)*

# Annexes

# Annexe 1

# Petit vade-mecum pour organiser un ciné-dîner-débat

## AVANT LE DEBAT

Avoir une équipe pour travailler ensemble à :

1. Choisir un film propre à provoquer un beau débat. Un film incontournable du moment, sur un sujet d'actualité, sur une personnalité, une page d'histoire, un métier ou un besoin essentiel…

2. Cerner les thématiques importantes à aborder et les questions à poser aux intervenants. Se référer aux livres ou autres films traitant déjà de ce sujet.

3. Choisir en général trois intervenants qui devront voir le film et qui par leur compétence permettront des regards croisés et complémentaires. A noter que la présence parmi eux d'un théologien, d'un philosophe ou d'un historien peut être bénéfique pour avoir du recul, élever le débat et donner du souffle à la soirée.

4. Préparer avec les intervenants en amont pour leur expliquer le format et le pourquoi de leur venue : partager leur compétence, leur connaissance, leur savoir et leur amour du sujet. Préciser aux intervenants que ce ne sera pas une conférence ou un cours magistral.

Ce travail préalable est essentiel car il permettra à l'animateur de bien connaître le sujet et les compétences des intervenants. Il pourra ainsi mener intelligemment le débat, avoir un bon fil rouge, s'adapter aux imprévus, relancer le débat, ou faire émerger un point important oublié par les participants.

## L'INVITATION AU DINER-DEBAT

1. Envoyer des invitations donnant, à partir du film, l'objectif de la soirée, sa ou ses thématiques, les intervenants, et le coupon d'inscription pour s'inscrire au dîner-débat.

2. Préciser sur l'invitation les lieux et les horaires de projection du film.

Le dîner-débat a toujours lieu quelques semaines après la diffusion du film et jamais à l'issue de sa projection pour avoir du recul, sortir de l'émotion instantanée et permettre à tous de s'exprimer et pas seulement à ceux qui parlent immédiatement.

## LA SOIREE DU DINER DEBAT

Pour un bon débat, il faut viser entre 80 et 100 personnes, dans un lieu adéquat pour la soirée, chaleureux avec le service du dîner (le système des plateaux repas fonctionne très bien).

1. Les personnes s'installent par table avec à chaque table un membre de l'équipe d'animation qui veille à la convivialité et au lien entre les personnes.

2. Avant le début du dîner, l'animateur qui dîne avec les intervenants et l'un ou l'autre membre de son équipe, accueille tous les participants et donne un résumé du film d'environ 5mn, incluant les grands sujets qui y sont traités et la présentation des intervenants invités pour ce débat. Il rappelle aussi le déroulement de la soirée.

3. Lors du dîner les personnes échangent sur le film par table et préparent des questions pour les intervenants.

4. A la fin du dîner, toutes les questions des tables sont posées oralement à la suite et notées par l'animateur, qui ensuite se charge de les reprendre et de les adresser aux intervenants.

5. C'est l'animateur qui ordonne ainsi les questions et permet d'avoir un débat de bonne tenue avec un déroulement cohérent et une prise de parole équilibrée des intervenants.

6. Il est important de toujours commencer par poser la même 1$^{ère}$ question préalable à chaque intervenant : « Qu'avez-vous pensé du film ? ».

7. En général, pendant la 1$^{ère}$ partie du débat, il est bon de prendre les questions concernant le film pour ensuite élargir les perspectives et aller plus en profondeur sur des questions de fond qui vont nourrir les participants et permettre des apports intéressant des intervenants.

8. Veuillez à ne pas dépasser l'horaire de fin prévu et raisonnable. Une fois les questions traitées, s'il reste du temps, il est possible de redonner la parole à la salle.

9. L'animateur conclut en reprenant les grandes idées du débat. Il termine souvent par une ou plusieurs citations qui portent à réflexion.

# Annexe 2
## Listes des ciné-débats
## par année et par thème

| Année | Titre du film | Thèmes abordés |
|---|---|---|
| 1977 | Le passé simple | Amnésie, couple |
| 1978 | Le Crabe Tambour | Honneur, amitié |
| 1979 | Le syndrome chinois | Industrie nucléaire |
| 1979 | Le bois des Bouleaux | Vie en Pologne |
| 1980 | Judith Therpauve | Journalisme |
| 1981 | L'homme de fer | Pologne |
| 1982 | La maison du lac | Automne de vie |
| 1982 | Les trois frères | Italie |
| 1983 | L'honneur d'un capitaine | Algérie |
| 1984 | War Games | Informatique |
| 1984 | Gandhi | Inde, non-violence |
| 1984 | Le juge | Exercer la justice |
| 1984 | Boat People | Vietnam |
| 1985 | Amadeus | Musique |
| 1986 | Split image – L'envoûtement | Dérives sectaires |
| 1986 | Trois hommes et un couffin | Désir d'enfant, devenir père |
| 1986 | L'élu | Le mystère d'Israël |
| 1987 | Mission | Indiens, jésuites |
| 1987 | Sous le soleil de Satan | Bernanos |
| 1988 | Un enfant de Calabre | Réussite de l'enfant |
| 1988 | Bernadette | Lourdes, Bernadette |

| 1988 | Mère Teresa | Inde, service des pauvres |
|------|-------------|---------------------------|
| 1989 | Une autre femme | Identité de la femme |
| 1989 | Beyrouth, the last home movie | La guerre au Liban |
| 1990 | Hiver 54 | Pauvreté |
| 1990 | Le cercle des poètes disparus | Pédagogie, école |
| 1991 | Jamais sans ma fille | Amérique-Iran, mère-fille |
| 1991 | Henri V | Chefs politiques |
| 1992 | L 627 | Drogue |
| 1992 | Diên Biên Phu | Guerre d'Indochine |
| 1993 | L'aide humanitaire en question | ONG |
| 1993 | Pétain | La France en 40-41 |
| 1993 | Si loin, si proche | Anges |
| 1994 | Jeanne la Pucelle | Jeanne d'Arc |
| 1994 | Au nom du Père | Irlande |
| 1995 | Le Roi Lion | Histoire d'animaux |
| 1995 | USS Alabama | Dissuasion nucléaire |
| 1996 | La septième demeure | Edith Stein |
| 1996 | Esprits rebelles | L'école, espace de vie |
| 1996 | Secrets et mensonges | Adoption, filiation |
| 1998 | On connaît la chanson | Comédie musicale, bien vivre |
| 1998 | Le Gone du Chabba | Français d'origine algérienne |
| 1999 | Le Prince d'Egypte | Prophète, libérateur, médiateur |

| | | |
|---|---|---|
| **1999** | C'est quoi la vie | Agriculture |
| **1999** | Une histoire vraie | Pardon |
| **2000** | Endurance | Course |
| **2001** | Billy Elliot | Orientation, danse |
| **2001** | La Chambre des officiers | Gueules cassés, vivre avec |
| **2002** | Le peuple migrateur | Oiseaux |
| **2003** | L'homme sans passé | Pauvreté |
| **2003** | Il est plus facile pour un chameau | Argent |
| **2004** | Carnets de voyage | Chances et risques du voyage |
| **2004** | La chute | Hitler |
| **2004** | Les Choristes | Paternité |
| **2005** | The Island | Clonage |
| **2006** | Ils ne mourraient pas tous | Travail |
| **2007** | Dialogue avec mon jardinier | Amitié |
| **2007** | Le grand silence | Vie monastique |
| **2008** | Entre les murs | Ecole de village |
| **2008** | L'île | Âme russe |
| **2009** | Welcome | Immigration |
| **2009** | Le dernier pour la route | Alcool |
| **2010** | Séraphine | Peinture |
| **2010** | Des hommes et des dieux | Dialogue interreligieux |
| **2011** | Et maintenant, on va où ? | Liban, rôle des femmes |

| | | |
|---|---|---|
| **2011** | Qui a envie d'être aimé ? | Conversion |
| **2012** | La dame de fer | Engagement politique |
| **2012** | Les saveurs du palais | Convivialité, art culinaire |
| **2013** | The Way, la route ensemble | Pèlerinage |
| **2013** | Jappeloup | Equitation |
| **2014** | Cristeros | Persécutions, Mexique |
| **2015** | Marie | Femme et mère |
| **2015** | Marguerite | Passion du chant |
| **2015** | L'apôtre | Conversion |
| **2016** | Demain | Ecologie |
| **2017** | Le sens de la fête | Organisation, succès d'une fête |
| **2017** | Les mistral gagnants | Enfants malades |
| **2018** | Ce qui nous lie | Héritage, filiation |
| **2019** | Le mystère Henri Pick | L'édition |
| **2019** | Fortuna | Immigration |
| **2020** | Hors Normes | Différences |

# Table des matières